RHOSYDD

A PERSONAL VIEW/*GOLWG BERSONOL*

Jean Napier ARPS

GWASG Carreg Gwalch

First published in 1999

© Text and photographs: Jean Napier 1999

All rights reserved.
No part of this publication may be reproduced
or transmitted, in any form or by any means,
without permission.

ISBN: 0-86381-470-0

Published and printed by
Gwasg Carreg Gwalch,
12 Iard yr Orsaf, Llanrwst,
Dyffryn Conwy, Wales.
☎ (01492) 642031

Printed and published in Wales

Argraffiad cyntaf: 1999

ⓑ Testun a ffotograffau: Jean Napier 1999

Cedwir pob hawl.
Ni chaniateir atgynhyrchu
na throsglwyddo'r cyhoeddiad hwn,
mewn unrhyw ffurf na modd, heb ganiatâd.

Rhif Llyfr Safonol Rhyngwladol:
0-86381-470-0

Argraffwyd a chyhoeddwyd gan
Wasg Carreg Gwalch,
12 Iard yr Orsaf, Llanrwst,
Dyffryn Conwy, Cymru.
☎ (01492) 642031

Argraffwyd a chyhoeddwyd yng Nghymru

꘎ ꘎ ꘎

Dedicated to the
Slate Quarrymen of North Wales
and especially to the memory of
Richard Owen

꘎ ꘎ ꘎

꘎ ꘎ ꘎

Cyflwynedig i
Chwarelwyr Llechi Gogledd Cymru
ac yn enwedig er cof am
Richard Owen

꘎ ꘎ ꘎

A WORD OF WARNING

Abandoned slate quarries are dangerous places. Wet slate is extremely slippery, rock fall can and does occur, portions of structures collapse and old tips move.

There may be hidden and unguarded shafts.

Underground workings should never be entered other than as part of a competently-led and properly-equipped party.

GAIR O RYBUDD

Mae chwareli llechi sydd wedi cau yn beryglus. Gall llechen wlyb fod yn llithrig iawn, gall ac mae cerrig a chreigiau'n disgyn, darnau o adeiladau'n dymchwel a hen domenni'n symud.

Gellir cael siafftiau dirgel heb amddiffynfa o'u cwmpas.

Ni ddylid mynd i mewn i rannau tanddaearol o'r chwareli ac eithrio fel rhan o ymweliad gydag arweinydd profiadol ac offer pwrpasol.

⚭ ⚭ ⚭

ACKNOWLEDGEMENTS

My grateful thanks:

to Oswyn Owen, son of the late Richard Owen for permission to use his father's poem, for the loan of the family photograph and other personal family information;

to Arwyn Thomas for so much information and personal knowledge about the slate quarrying industry;

to Alun John Richards for permission to use extracts from his books *Slate Quarrying in Wales* and *A Gazeteer of the Welsh Slate Industry* and for kindly agreeing to write the Foreword to this book;

to Michael Lewis and J.H. Denton for permission to use information and the Location Map from their book *Rhosydd Slate Quarry* and Dr R. Merfyn Jones for permission to use information and statistics from *The North Wales Quarrymen 1874-1922*;

to all the friends who helped me carry heavy photographic equipment up the steep inclines, especially Chris Terrell and Andy McLauchlin;

to Jane Whittle for her kind help and advice in putting the book together and taking my photograph;

to Chris for his endless patience!

to Gwasg Carreg Gwalch for the Welsh translation.

And last, but definitely not least!

to Red the Dog for being a stalwart companion.

CYDNABYDDIAETH

Hoffwn ddiolch:

i Oswyn Owen, mab y diweddar Richard Owen, am ganiatâd i ddefnyddio cerdd ei dad, am fenthyg llun y teulu ac am bob gwybodaeth deuluol arall;

i Arwyn Thomas am gymaint o wybodaeth gyffredinol a phersonol am y diwydiant llechi;

i Alun John Richards am ei ganiatâd i ddefnyddio rhannau o'i lyfrau Slate Quarrying in Wales *a* A Gazeteer of the Welsh Slate Industry, *ac am gytuno'n garedig i ysgrifennu'r Rhagair i'r llyfr hwn;*

i Michael Lewis a J.H. Denton am eu caniatâd i ddefnyddio gwybodaeth a'r Map Lleoliad o'u llyfr Rhosydd Slate Quarry, *ac i Dr R. Merfyn Jones am ganiatâd i ddefnyddio gwybodaeth ac ystadegau o* The North Wales Quarrymen 1874-1922;

i'r holl gyfeillion a'm cynorthwyodd i gludo offer ffotograffig trwm i fyny llethrau serth, yn arbennig Chris Terrell ac Andy McLauchlin;

i Jane Whittle am ei chymorth a'i chyngor caredig wrth lunio'r llyfr, ac am dynnu fy llun;

i Chris, am ei amynedd di-ben-draw!

i Wasg Carreg Gwalch am y cyfieithiad Cymraeg.

Ac yn olaf, ond yn sicr nid y lleiaf!

i Red y ci am ei gwmni bywiog.

⋇ ⋇ ⋇

CONTENTS

CYNNWYS

‧ ‧ ‧

FOREWORD

Jean Napier's images of Rhosydd Quarry reveal an acute understanding of, and a rare empathy with, the slatemen of Wales and the ground from which they tore the recalcitrant rock.

Her photographs are not merely aesthetically pleasing compositions, they are powerful evocations of the despair of abandonment and the chill of desolation.

As a chronicler of the Welsh Slate Industry, with an especial interest in Rhosydd, I cannot look at them without a sense of being stalked by the spirits of the proud men who gave their toil, their health and, in some cases, their lives, to the winning of slate from that inhospitable hilltop.

Her pictures are a most appropriate and moving tribute to those men and to their wives who eked pittances to nourish and care for them and their families.

RHAGAIR

Dengys darluniau Jean Napier o Chwarel y Rhosydd ddealltwriaeth ddofn ac empathi prin â chwarelwyr Cymru a'r tir y cloddiwyd y graig ohono.

Nid creadigaethau hardd i'r llygad yn unig yw ei ffotograffau; maent hefyd yn adweithiau cryf i anobaith yr ymadael a ias y diffeithdra.

Fel cofnodydd y diwydiant llechi yng Nghymru, gyda diddordeb arbennig yn y Rhosydd, ni allaf edrych ar y lluniau hyn heb deimlo fy mod yn cael fy nilyn gan ysbrydion y gwŷr balch a roddodd eu llafur, eu hiechyd ac, mewn rhai achosion, eu bywydau, i gloddio'r llechfaen o'r llechweddau digroeso.

Y mae ei darluniau'n goffâd teilwng a theimladwy i'r gwŷr hyn, ac i'w gwragedd a'u teuluoedd a fu'n byw bywyd o'r llaw i'r genau.

Alun John Richards
August/*Awst* 1998
Swansea/*Abertawe*

❏ ❏ ❏

12

'Mi glywaf eto'u lleisiau . . . '

'I hear their voices again . . . '

INTRODUCTION

I was first introduced to Rhosydd Quarry, situated north of Blaenau Ffestiniog, during a climbing trip to north Wales in autumn 1987. That day, I was taken on an awe-inspiring cold, wet journey through the underground levels and saw where the slate had been hewn from inside the mountain.

I resolved to return and try to capture on film the emotion that the ruins evoked in me; since then, I have revisited the old quarry on many occasions and in all weathers. The images I have chosen for this book were selected from the many hundreds taken during this period of time.

The photographs alone cannot do justice to the magnificence of the Quarry nor conjure up the previous life of the quarrymen but, coupled with Richard Owen's dramatic poem, a more complete story emerges linking past and present.

I initially used the pairing of Richard Owen's poem and images of Rhosydd Quarry as a foundation for my Degree Show in 1994; this has since grown into an exhibition that has been touring throughout the UK since February 1996. The exhibition goes on tour in the USA from February 1999.

CYFLWYNIAD

Lleolir Chwarel y Rhosydd i'r gogledd o Flaenau Ffestiniog ac fe'm cyflwynwyd iddi am y tro cyntaf yn ystod taith ddringo i ogledd Cymru yn 1987. Y diwrnod hwnnw, cefais fy nhywys ar daith syfrdanol, oer, wlyb drwy'r lefelau tanddaearol gan weld o ble y naddwyd y llechfaen o berfedd y mynydd gan y chwarelwyr.

Addunedais ddychwelyd a cheisio dal, ar ffilm, yr emosiynau a gynheuwyd ynof wrth weld yr adfeilion. Ers hynny rwyf wedi dychwelyd droeon, ymhob tywydd, i'r hen chwarel. Dewiswyd darluniau'r gyfrol hon allan o rai cannoedd a dynnwyd yn ystod y cyfnod hwn.

Ni all y ffotograffau eu hunain wneud cyfiawnder ag ysblander y chwarel nac adlewyrchu bywyd y chwarelwyr, ond o'u gosod ochr yn ochr â cherdd ddramatig Richard Owen, daw i'r wyneb ddarlun mwy cyflawn sy'n pontio'r gorffennol a'r presennol.

Ar y dechrau defnyddiais yr ieuo rhwng darlun a cherdd fel sylfaen i'm Harddangosiad Gradd yn 1994. Ers hynny, tyfodd yn arddangosfa sydd wedi bod ar daith ers mis Chwefror 1996. Bydd yr arddangosfa yn mynd ar daith yn UDA o fis Chwefror 1999.

The poem 'Old Boys of Rhosydd' was originally written in Welsh and, as this is the language of the slate quarrymen of north Wales, I felt it important that this book should be written in both Welsh and English. As I am not fluent in Welsh, I thank Gwasg Carreg Gwalch for undertaking to do the Welsh translation.

Cymraeg yw iaith chwarelwyr llechi gogledd Cymru ac oherwydd hynny teimlais y dylid ysgrifennu'r llyfr hwn yn y Gymraeg a'r Saesneg. Gan nad wyf yn medru llawer o'r iaith, diolchaf i Wasg Carreg Gwalch am ymgymryd â'r cyfieithiad Cymraeg.

Jean Napier
Wales/Cymru
1999

❉ ❉ ❉

15

CHWAREL Y RHOSYDD
RHOSYDD QUARRY

(Map – Courtesy of/*Trwy garedigrwydd* M.J.T. Lewis & J.H. Denton)

LOCATION MAP/*MAP LLEOLIAD*

A LITTLE BIT OF HISTORY

Quarrying began at Rhosydd in the 1830s and it developed rapidly over the next twenty years to become one of the largest underground slate quarries. At its peak in 1883, it produced 5,616 tons and employed 192 men.

Rhosydd is two miles west of Blaenau Ffestiniog situated in the Moelwyn mountains and the main workings are 1,500 feet above sea level (see Location Map). Due to its remoteness, most of the men lived on site during their working week, staying in barracks from Monday to Saturday.

Conditions in the Rhosydd barracks were notorious; reports by the Inspector of Mines in 1886 and 1892 included the following comments:

'. . . the men were nearly all sleeping two in a bed. . . the rooms were dark, with a bad floor and an indifferent roof.'

'I regret that owners of mines, who are ready to risk thousands of pounds in mineral adventures, do not realize the advisability of setting apart a small fraction of their capital for making their men more comfortable. . . . the inside walls were unplastered and the sleeping bunks were being fixed side-by-side without any intervening space. The whole arrangements showed a great disregard of comfort . . .'

YCHYDIG O HANES

Sefydlwyd Chwarel y Rhosydd yn y 1830au a datblygodd yn gyflym dros yr ugain mlynedd ddilynol nes dod yn un o'r chwareli tanddaearol mwyaf. Yn 1883, y cyfnod mwyaf llewyrchus, cynhyrchwyd 5,616 tunnell a chyflogwyd 192 o ddynion.

Lleolir Chwarel y Rhosydd ddwy filltir i'r gorllewin o Flaenau Ffestiniog ym mynyddoedd y Moelwyn, gyda'r prif waith tua 1,500 troedfedd uwchlaw lefel y môr (gw. Map Lleoliad). Gan fod y chwarel mor anghysbell roedd y mwyafrif o'r dynion yn byw ar y safle yn ystod yr wythnos, gan aros mewn tai gweithwyr (baracs) o ddydd Llun i ddydd Sadwrn.

Yr oedd cyflwr tai gweithwyr y Rhosydd yn rhemp; yn adroddiadau'r Archwiliwr Mwyngloddiau o 1886 ac 1892 gwelir y sylwadau canlynol:

'. . . yr oedd y dynion i gyd, bron, yn cysgu dau ym mhob gwely . . . yr oedd yr ystafelloedd yn dywyll, gyda lloriau sâl a tho da-i-ddim.'

'Ofnaf nad yw perchnogion mwyngloddfeydd, sy'n barod i fuddsoddi miloedd o bunnoedd mewn mentrau mwyngloddio, yn sylweddoli doethineb neilltuo cyfran fechan o'u cyfalaf tuag at gyfforddusrwydd eu gweithwyr . . . nid oedd y parwydydd wedi'u plastro ac roedd y gwelyau wedi eu gosod ochr yn ochr heb unrhyw le rhyngddynt. Roedd y trefniant cyfan yn dangos fod cyfforddusrwydd yn cael ei esgeuluso'n sylweddol . . . '

Quarrymen outside Rhosydd barracks – mid 1920's (photo courtesy of Oswyn Owen)
Chwarelwyr y tu allan i dai gweithwyr y Rhosydd – canol y 1920au (llun trwy garedigrwydd Oswyn Owen)

Mattresses were filled with lice-ridden chaff or straw and the men provided their own bedclothes.

The roof slates had to be held down with sods against the gales, some barracks had no toilets and the men washed in the stream outside. In the 1880's, they paid 1½d to 3d a week for the privilege of this accommodation and they also supplied their own coal and food.

Early every Monday men would arrive from the surrounding villages, including Prenteg, Nantmor, Llanfrothen, Penmorfa and Croesor, carrying their provisions for the week; bread and butter, tea, possibly a dozen eggs, a pound of bacon, potatoes and porridge.

The general medical verdict by local doctors was that the quarrymen drank too much strong, stewed tea and often ate only bread-and-butter with the occasional addition of an egg, potatoes or bacon. This poor diet was insufficient nourishment for the hard, physical work they undertook.

These severe living and working conditions, bad diet and extreme occupational hazards meant that the quarrymen were in poor health. The main complaints were respiratory diseases, stomach disorders, hernias and haemorrhoids. In 1893, 50% of the deaths certified by Dr R.D. Evans of Blaenau Ffestiniog (78 out of 157) were caused by respiratory diseases.

In 1875, the average age at death of local men *not* working in the quarry was 67.12 years whereas for quarrymen it was 37.78 years of age. Medical research has since confirmed that the quarrymen were entirely correct in their belief that slate dust was harmful to their health.

Llanwyd y matresi ag ŷs neu wellt oedd yn ferw o lau gyda'r dynion yn dod â'u dillad gwelyau eu hunain.

I oroesi'r stormydd roedd yn rhaid i lechi'r to gael eu dal yn eu lle â thyweirch. Nid oedd toiledau mewn rhai tai gweithwyr ac roedd y dynion yn ymolchi yn y nant gerllaw. Yn y 1880au roeddynt yn talu rhwng 1½s a 3c yr wythnos am y fraint o gael aros yn y lety yma, gan ddod â glo a bwyd eu hunain.

Yn gynnar bob bore Llun cyrhaeddai'r dynion o'r pentrefi cyfagos – Prenteg, Nantmor, Llanfrothen, Penmorfa, Croesor ac amryw eraill – gyda'u bwyd ar gyfer yr wythnos; bara ac ymenyn, te, dwsin o wyau efallai, pwys o gig moch, tatws ac uwd.

Barn gyffredinol y meddygon lleol oedd fod y chwarelwyr yn yfed gormod o de cryf wedi'i drwytho'n ormodol ac ni fwytai'r mwyafrif ddim ond te a bara 'menyn gydag ŵy, tatws neu gig moch yn achlysurol. Roedd prinder maeth y deiet gwael hwn yn annigonol o ystyried y gwaith corfforol caled.

Oherwydd amodau gwaith a byw diffygiol, bwyd gwael a pheryglon gwaith difrifol, nid oedd fawr o raen ar iechyd y chwarelwyr. Y prif gwynion oedd afiechydon y frest, anhwylderau'r stumog, torllengig a chlwy'r marchogion. Yn 1893, afiechydon y frest oedd yn gyfrifol am 50% o'r marwolaethau a gofnodwyd gan Dr R.D. Evans o Flaenau Ffestiniog (sef 78 allan o 157).

Yn 1875, cyfartaledd oedran marwolaeth y dynion lleol nad oedd yn gweithio yn y chwarel oedd 67.12 o'i gymharu â 37.78 y chwarelwyr. Mae ymchwil meddygol diweddar wedi cadarnhau fod y chwarelwyr yn llygad eu lle wrth gredu fod llwch llechi yn niweidiol i'w hiechyd.

THE RHOSYDD SLATE QUARRIES

No......1....

PAY TICKET

Pay Account.........14th August, 1931.

Month ending.........8th August, 1931.

Richard Owen

	£ s d.	£ s d.
WORK,—		
13 days @ 9/11	6 - 8 - 11	
		6 - 8 - 11
DEDUCTIONS,—		
Rent		
Powder and Fuse		
Smith		
Candles		
Sundries		
Memorial Hospital	10	
Medical Fund	1 - 6	
National Insurance	2 - 3	
Unemployment Insurance ...	1 - 9	
Advanced	2 - 14 - 0	3 - 0 - H
Amount due ... ... £		3 . 8 . 7

Carbide/Acetylene Bike Lamp used by Richard Owen (courtesy of Oswyn Owen)

Lamp beic carbeid/asetylen a ddefnyddiwyd gan Richard Owen (drwy garedigrwydd Oswyn Owen)

Richard Owen's Pay Ticket during his first year as caretaker of Rhosydd in 1931 (courtesy of Oswyn Owen)

Papur cyflog Richard Owen yn ystod ei flwyddyn gyntaf fel gofalwr y Rhosydd yn 1931 (drwy garedigrwydd Oswyn Owen)

Despite the bad conditions, life in Rhosydd barracks was the home of poetry, song and religion. The Bard Tegfelyn worked at Rhosydd in 1860 and wrote in his memoirs that his mates were an excellent crowd, whose reading consisted of the Encyclopaedia and Athrawiaeth yr Iawn (The Doctrine of the Atonement).

They held debates on theology and other topics; held scripture readings and wrote poetry. Ioan Brothen, another poet and ex-quarryman is said to have declared that 'Rhosydd barracks was my University'.

The Rhosydd choir was renowned – they won the Prize at the Blaenau National Eisteddfod in 1898. The story goes that they could not afford a tuning fork, but, one day, the quarry smith kicked the shackle of a wagon coupling and this was found to be a perfect C – thereafter this was used to give the note! On a summer's evening, sounds of the choir could be heard echoing through the Moelwyn mountains.

The quarrymen of Rhosydd were able to maintain a cameraderie, strength of spirit and philosophy of self-improvement that enabled them to overcome the grinding adversity of their conditions.

I have included a 'Further Reading About Slate' bibliography at the back of the book for those that wish to know more on the subject.

Er yr amgylchiadau gwael, roedd tai gweithwyr y Rhosydd yn gartref i farddoniaeth, cân a chrefydd. Gweithiai'r bardd Tegfelyn yn y Rhosydd yn 1860 ac ysgrifennodd yn ei gofiant fod ei gyfeillion yn griw ardderchog, a'u llyfrau darllen yn cynnwys yr Encyclopaedia ac Athrawiaeth yr Iawn.

Cynhalient ddadleuon ynglŷn â diwinyddiaeth a phynciau eraill, darlleniadau beiblaidd ac ysgrifenasant farddoniaeth. Honnir bod Ioan Brothen, bardd arall a chyn-chwarelwr, wedi datgan mai 'Tai gweithwyr y Rhosydd oedd fy Mhrifysgol'.

Roedd côr y Rhosydd yn enwog – enillwyd y brif wobr yn Eisteddfod Genedlaethol Blaenau yn 1898. Yn ôl y stori, dywedir na allent fforddio trawfforch, gan eu bod mor dlawd, ond un dydd ciciodd gof y chwarel hual cyswllt wagen gan ddarganfod ei fod yn 'C' perffaith, ac o'r dydd hwnnw dyna a ddefnyddid i daro'r nodyn! Ar noson o haf, clywid sŵn y côr yn atseinio drwy'r Moelwyn.

Llwyddodd chwarelwyr y Rhosydd i gynnal cyfeillgarwch, cryfder ysbryd ac athroniaeth hunanwellhad er mwyn goresgyn adfyd gerwin eu hamgylchiadau.

Yr wyf wedi cynnwys llyfryddiaeth 'Darllen Pellach' yng nghefn y gyfrol ar gyfer y sawl sy'n dymuno mwy o wybodaeth am y pwnc.

⚭ ⚭ ⚭

ABOUT THE POEM

The poem 'Old Boys of Rhosydd' was written in 1930 by Richard Owen. He had worked as a quarryman at Rhosydd and became caretaker of the Quarry after its final shut-down in September 1930.

The poem is a lament on the closure of the quarry at a time when the Welsh slate industry was in serious decline. I have selected the images to represent a visual journey through Rhosydd as it is today – sixty years of neglect and scavenging have left only remnants of the once proud quarry.

I feel that the poem, together with the images, evoke a sadness at the passing of a prosperous industry and unique way of life that once thrived in this inhospitable, wild mountain place.

YNGLŶN Â'R GERDD

Ysgrifennwyd y gerdd 'Hen Hogia'r Rhosydd' gan Richard Owen yn 1930. Gweithiodd fel chwarelwr yn y Rhosydd gan ddod yn ofalwr y chwarel ar ôl iddi gau'n derfynol ym mis Medi 1930.

Galarnad am gau'r chwarel mewn cyfnod pan oedd y diwydiant llechi yng Nghymru yn dirywio'n gyflym yw'r gerdd. Yr wyf wedi dewis y darluniau i gynrychioli taith weledol drwy'r Rhosydd fel ag y mae heddiw – wedi trigain mlynedd o esgeulustod a thyrchu am sborion nid oes ond cragen y chwarel falch a fu ar ôl.

Teimlaf fod y gerdd, ynghyd â'r darluniau, yn deffro tristwch o weld diwedd diwydiant llewyrchus a ffordd o fyw unigryw a oedd unwaith yn ffynnu yn y lle mynyddig, digroeso hwn.

)( )( )(

HEN HOGIA'R RHOSYDD

OLD BOYS OF RHOSYDD

Hwy ddeuant ataf beunydd yn eu tro,
'Hen hogia'r Rhosydd' ar gariadus hynt.

They come to me constantly in their turn,
Old boys of Rhosydd on loving pilgrimage.

Mi glywaf eto'u lleisiau – daw i'm co'
Y tynnu coes, a'r llon ffraethineb gynt.

I hear their voices again – there come to mind
The leg pulling and cheerful wit of yore.

Cyrchent i'r chwarel o gartrefi pell,
Gan herio gwynt a glaw ac oerni'r hin,

They converged on the quarry from far-off homes
Daring the wind and rain and biting cold,

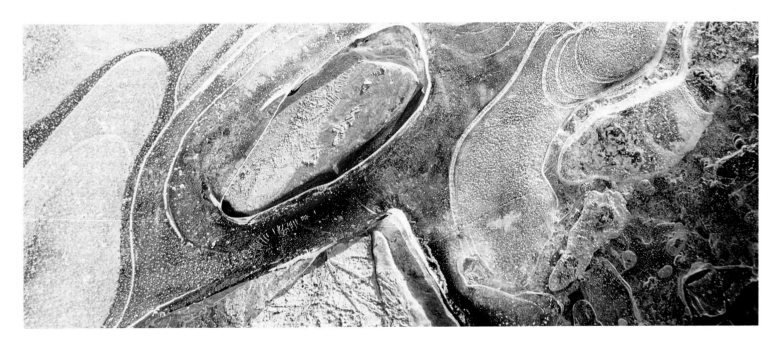

Heb ofer boeni am ryw amser gwell –

Without vain yearning for better times;

Dirwgnach fu eu taith hyd 'lwybrau blin'.

Uncomplaining was their journey along weary path.

Y chwarel nid yw mwy – mae'n adfail prudd,

The quarry is no more, it is a sad ruin;

Heb sŵn peiriannau yn y llethol hedd,

No sound of machines, the stillness overwhelms;

Mae'r gwynt yn chwiban rhwng y meini rhydd,
A llu o'r gweithwyr heini yn y bedd.

The wind whistles between the loose stones
And a host of lively workmen are in the grave.

41

Ond erys rhai fel minnau yn y fro,
Nes daw i'n rhan y gorffwys yn y gro.

But some like me live on nearby,
Until it falls our lot to rest in the earth.

Richard Owen – 1930

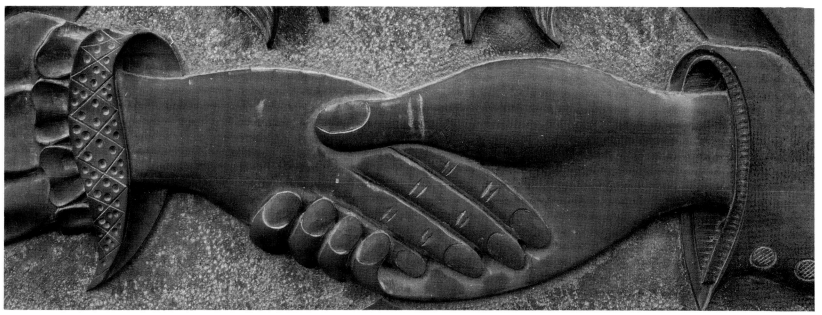

OLD BOYS OF RHOSYDD

They come to me constantly in their turn,
Old Boys of Rhosydd on loving pilgrimage.
I hear their voices again – there come to mind
The leg pulling and cheerful wit of yore.

They converged on the quarry from far-off homes,
Daring the wind and rain and biting cold,
Without vain yearning for better times –
Uncomplaining was their journey along 'weary paths'.

The quarry is no more, it is a sad ruin,
No sound of machines, the stillness overwhelms,
The wind whistles between the loose stones,
And a host of lively workmen are in the grave.

But some like me live on nearby,
Until it falls our lot to rest in the earth.

HEN HOGIA'R RHOSYDD

Hwy ddeuant ataf beunydd yn eu tro,
'Hen hogia'r Rhosydd' ar gariadus hynt.
Mi glywaf eto'u lleisiau – daw i'm co'
Y tynnu coes, a'r llon ffraethineb gynt.

Cyrchent i'r chwarel o gartrefi pell,
Gan herio gwynt a glaw ac oerni'r hin,
Heb ofer boeni am ryw amser gwell –
Dirwgnach fu eu taith hyd 'lwybrau blin'.

Y chwarel nid yw mwy – mae'n adfail prudd,
Heb sŵn peiriannau yn y llethol hedd,
Mae'r gwynt yn chwiban rhwng y meini rhydd,
A llu o'r gweithwyr heini yn y bedd.

Ond erys rhai fel minnau yn y fro,
Nes daw i'n rhan y gorffwys yn y gro.

Richard Owen – 1930

LIST OF PHOTOGRAPHS

RHESTR FFOTOGRAFFAU

)( )( )(

PHOTOGRAPHY

Technical Information:

Equipment:
Mamiya C330S Camera + 55 mm Lens (2¼" square format)
Fujica Panoramic Camera
Metz Mecablitz Flash + Power Pack
Heavy Manfroto Tripod
Gossen Lunarsix 3 Light Meter
Yellow/Orange/Red Filters

Film:
Ilford FP4 – 125 ASA (120 Roll Film)

All the photographs for this book were taken, processed and printed by myself except pages 18 and 52.

Problems Encountered:

Weather:
Rhosydd is remote and very exposed to the elements, and the usual Welsh mountain weather prevailed. Many of my visits were undertaken in rain, snow and ice conditions with a cold wind blowing through the Moelwyn mountains.

I found fingerless gloves underneath mittens, a thick scarf and hat, plus many layers of clothing essential for keeping warm and I always carried spare gear in a large rucksack plus first aid kit, food and hot drink, and an emergency shelter.

FFOTOGRAFFIAETH

Gwybodaeth Dechnegol:

Offer:
Camera Mamiya C330S + Lens 55 mm (fformat sgwâr 2¼")
Camera Fujica Panoramig
Fflach Metz Mecablitz + Phecyn Pŵer
Tripod Manfroto Trwm
Mesurydd golau Gossen Lunarsix 3
Ffilteri Melyn/Oren/Coch

Ffilm:
Ilford FP4 – 125 ASA (Rholyn Ffilm 120)

Tynnwyd, datblygwyd ac argraffwyd holl luniau'r gyfrol hon gennyf i oni bai am dudalennau 18 a 52.

Problemau a gafwyd:

Tywydd:
Mae'r Rhosydd yn anghysbell ac yn agored i'r elfennau a chafwyd tywydd nodweddiadol o fynyddoedd Cymru. Gwnaed amryw o'm hymweliadau mewn glaw, eira a rhew gyda gwynt oer yn chwythu o'r Moelwyn.

Rhaid oedd gwisgo menyg difysedd o dan bâr o fenyg, sgarff gynnes, het a sawl haen o ddillad i gadw'n gynnes, ac roeddwn yn cludo dillad wrth gefn, offer cymorth cyntaf, bwyd a diod poeth a chysgodfan argyfwng mewn sach ar fy nghefn.

Problems Encountered:

A lens hood helped keep the rain and snow off the lens and a chamois leather was an essential piece of equipment for covering and wiping the lens and drying off the camera after the frequent showers.

Underground:

I had the most technical problems with the underground images because of the pitch-darkness and the water dripping from the roof. The difficulty of focusing the camera in the dark was overcome by a friend holding a piece of white card with a large cross on it by the old wheels and illuminating it with her headtorch thus giving me a focal point. With the shutter locked open, my assistant fired six-to-seven flashes with the big flash gun set on manual pointed at various places in front of the camera; each exposure was about 15-20 minutes long with a small aperture set on the camera for maximum depth of field.

Unexpected Hazards:

Rhosydd, like all abandoned quarries, is dangerous and I had several near misses; a rotten wooden flooring gave way under me, and a slate chimney collapsed nearby during one photographic session.

One unforseen incident was Red, my four-legged assistant, attacking my tripod when he got bored by me standing in one place for too long!

Problemau a gafwyd:

Bu'r gorchudd lens yn gysgod rhag y glaw ac roedd lledr siami meddal yn angenrheidiol i sychu'r lens a'r camera ar ôl yr aml gawodydd.

O dan y ddaear:

Cefais y rhan helaethaf o'r problemau technegol wrth dynnu lluniau o dan ddaear o ganlyniad i'r tywyllwch dudew a dŵr yn diferu o'r nenfwd. Llwyddwyd i oresgyn y broblem ffocws yn y tywyllwch wrth i gyfaill ddal darn o gerdyn gwyn gyda chroes fawr arno ger yr hen olwynion a'i oleuo â'i lamp, gan roi pwynt ffocws imi. Gan gadw lens y camera ar agor, fflachiodd fy nghynorthwydd tua 6-7 gwaith gyda'r gwn fflach gan ei anelu at wahanol fannau y tu blaen i'r camera. Cymerodd pob llun tua 15-20 munud i'w dynnu, gyda thwll ffenest bychan ar y camera er mwyn cael y dyfnder llun gorau posib.

Peryglon Annisgwyl:

Fel pob chwarel sydd wedi cau, mae'r Rhosydd yn beryglus, a chefais sawl dihangfa. Disgynnodd llawr coed wedi pydru oddi tanaf, a syrthiodd simnai lechen gyfagos yn ystod un sesiwn o dynnu lluniau.

Un digwyddiad annisgwyl oedd i Red, fy nghynorthwydd pedair coes, ymosod ar y treipod pan gafodd lond bol arnaf yn sefyll yn fy unfan am hydoedd!

Ж Ж Ж

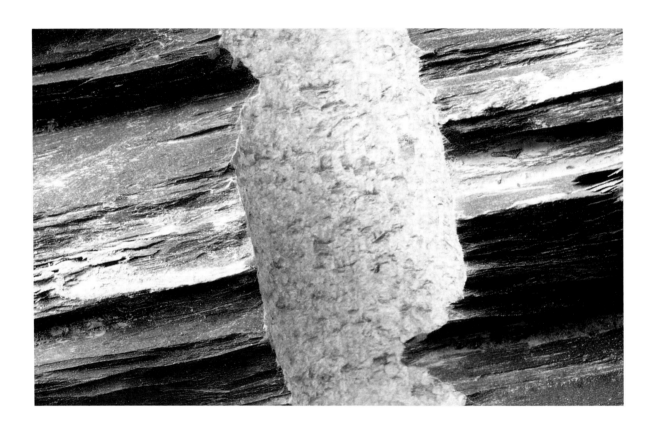

FURTHER READING ABOUT SLATE/*DARLLEN PELLACH AM LECHI*

A Gazeteer of the Welsh Slate Industry	Alun John Richards	*Gwasg Carreg Gwalch* 1991
Slate Quarrying in Wales	Alun John Richards	*Gwasg Carreg Gwalch* 1995
A History of the North Wales Slate Industry	Jean Lindsay	*David & Charles* 1974
Rhosydd Slate Quarry	M.J.T. Lewis & J.H. Denton	*3rd Impression 1994 by Adit Publications*
The North Wales Quarrymen 1874-1922	Dr R. Merfyn Jones	*University of Wales Press* 1982
Cwmorthin Slate Quarry	G. Isherwood	*Merioneth FS Press* 1982
Slate	G. Isherwood	*A.B. Publishing* 1988
Chwarel y Penrhyn	Hughes & Hughes	*Chwarel y Penrhyn* 1979
Llechwedd Slate Caverns	I.W. Jones	*Quarry Tours* 1976
Llechi, Slates	M.J.T. Lewis	*Gwynedd Archive Services* 1976
Living a Life (Selected Poems)	Gwyn Thomas	*Scott Rollins for Bridges Books*
Cwmorthin	Gwyn Thomas	*Scott Rollins for Bridges Books*

Photograph of Author by Jane Whittle
Ffotograff o'r Awdures gan Jane Whittle

ABOUT THE AUTHOR

Jean Napier is a professional photographer specialising in the fields of expedition, social documentary and landscape photography.

Born in the East-end of London, she has lived in Snowdonia, north Wales for many years. She is currently working as a personal development trainer and a tutor of photography encompassing creative and technical skills. Jean is also a qualified mountain leader and runs outdoor photography courses throughout Britain.

Previously an engineer at Ford Motor Company, she left to study for a degree in photography and graduated from Derby University in 1994 with a BA (Hons) in Photographic Studies. She also holds six City & Guilds Certificates in practical photography.

Over the past six years she has led expeditions for young students to China, Africa and Nepal and has accrued a large stock of images, but even though she has visited many corners of the world, the magnificent Snowdonia National Park is still her main inspiration.

She was accepted as an Associate of the Royal Photographic Society in 1997 and is a Photography Tutor for the Open College of the Arts.

YR AWDURES

Ffotograffydd proffesiynol sy'n arbenigo ym meysydd ffotograffiaeth taith, dogfen gymdeithasol a thirwedd yw Jean Napier.

Fe'i ganed yn East-end Llundain ac mae wedi ymgartrefu yn Eryri ers sawl blwyddyn. Mae'n gweithio ar hyn o bryd fel hyfforddwr datblygu personol a thiwtor ffotograffiaeth yn cynnwys sgiliau creadigol a thechnegol. Mae Jean yn arweinydd mynydd cymwysedig hefyd ac yn cynnal cyrsiau ffotograffiaeth awyr agored ledled Prydain.

Bu'n beiriannydd i Gwmni Moduron Ford, ond gadawodd i astudio am radd mewn ffotograffiaeth, lle graddiodd â BA (Anrh) mewn Astudiaethau Ffotograffeg o Brifysgol Derby yn 1994. Mae ganddi chwe thystysgrif C & Guilds mewn ffotograffiaeth ymarferol hefyd.

Yn ystod y chwe mlynedd diwethaf mae hi wedi arwain teithiau i fyfyrwyr ifanc yn Tsieina, Affrica a Nepal gan gasglu stôr helaeth o ddarluniau, ond er iddi ymweld â phedwar ban byd, deil Parc Cenedlaethol Eryri i fod yn brif ysbrydoliaeth iddi.

Fe'i derbyniwyd yn Aelod Cyswllt o'r Gymdeithas Ffotograffiaeth Frenhinol yn 1997 ac mae hi hefyd yn Diwtor Ffotograffiaeth i Goleg Agored y Celfyddydau.

⅃⅄⅃

'. . . *a llu o'r gweithwyr heini yn y bedd.*'

'. . . and a host of lively workmen are in the grave.'